SPANISH

D1416380

MANUALIDADES DIVERTIDAS

ADORNA CON MOSAICO

Adorna con mosaico
Autora: Anna Freixenet
         Profesora de plástica

Dirección editorial: Mª Fernanda Canal
Diseño gráfico: Jordi Martínez
Fotografía: Nos y Soto
Director de producción: Rafael Marfil

Séptima edición: abril 2002
© 1995 Parramón Ediciones, S. A.

Editado y distribuido por Parramón Ediciones, S. A.
Gran Via de les Corts Catalanes, 322-324
08004 Barcelona

ISBN: 84-342-1901-8
Depósito legal: B-10.019-2002
Impreso en España

MANUALIDADES DIVERTIDAS

ADORNA CON MOSAICO

Parramón

Las joyas del tesoro

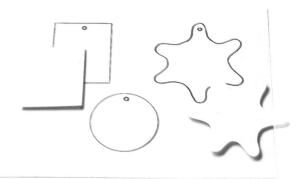

1. Dibuja con un lápiz tu futuro tesoro en una cartulina.

2. Recorta los medallones.

3. Necesitas cuentas de colores y piedras de bisutería.

4. Piensa la decoración y dibújala en cada trozo de cartulina.

5. Siguiendo el modelo, pega la bisutería en la cartulina.

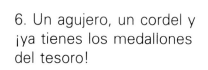

6. Un agujero, un cordel y ¡ya tienes los medallones del tesoro!

Un pez plata

1. Dibuja un pez en una cartulina.

2. Forma bolas con papel de aluminio y con papel de seda de distintos colores.

3. Haz el pez pegando las bolas plateadas y, los detalles, con las bolas negras.

4. Completa el fondo con bolas azules para el agua y blancas para las burbujas.

Tapas de panda

1. Dibuja en la cubierta de una libreta un oso panda de frente.

2. Haz lo mismo en la tapa de atrás, pero con el panda dibujado de espaldas.

3. Recorta tiras de papel charol de colores.

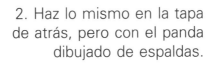

4. Corta las tiras en pequeños cuadrados, como confeti.

5. Por colores, pega el confeti para formar el dibujo de las dos tapas.

6. Debe quedar todo cubierto, no importa que los trozos de papel se superpongan.

7. Cuando esté acabado, fórralo con plástico adhesivo transparente, ¡así te durará más!

7

La tortuga pisapapeles

1. Modela la tortuga con plastilina.

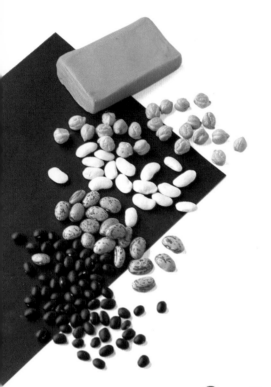

3. Combina los colores, incrusta alubias negras para el caparazón.

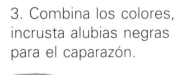

2. Consigue legumbres secas de diferentes clases.

4. Haz la cabeza y las patas con alubias blancas.

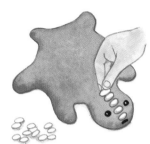

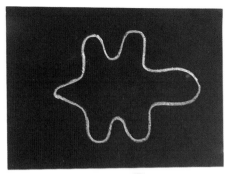

5. Coloca la tortuga sobre una cartulina y dibuja una plantilla de la base.

6. Recorta y pega la plantilla a la tortuga, ¡Así no manchará tus papeles!

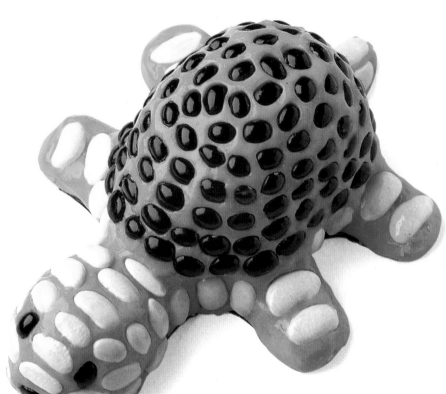

7. Barnízala con fijador para dejarla dura y brillante.

8. Inventa otros animales, ¿qué te parece un dragón?

El mundo de los botones

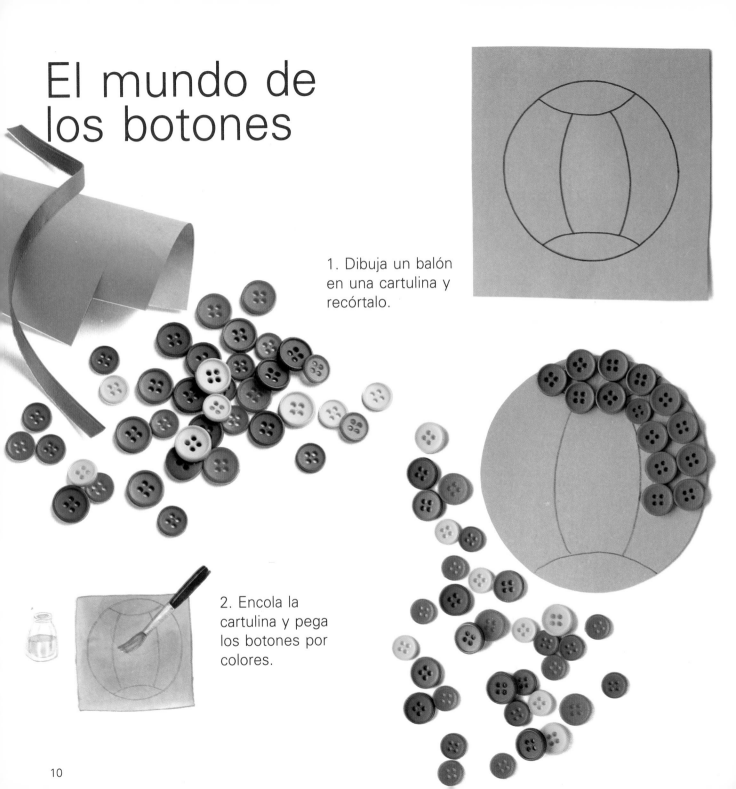

1. Dibuja un balón en una cartulina y recórtalo.

2. Encola la cartulina y pega los botones por colores.

3. Si le haces un agujero, podrás colgar tu balón de una cinta.

4. Y también puedes hacer un muñeco de nieve, un caracol o...

5. Avisa a toda la familia, que guarden botones y ¡pon en marcha tu imaginación!

¡Menuda maceta!

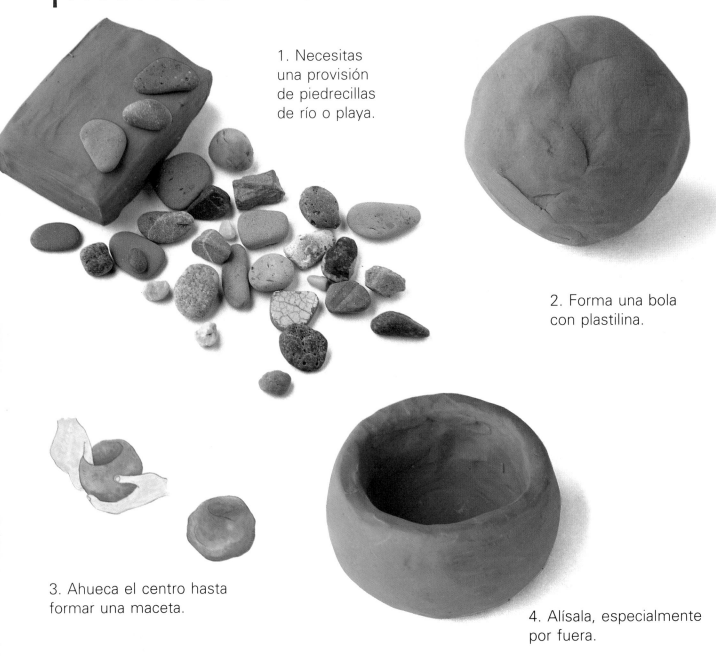

1. Necesitas
una provisión
de piedrecillas
de río o playa.

2. Forma una bola
con plastilina.

3. Ahueca el centro hasta
formar una maceta.

4. Alísala, especialmente
por fuera.

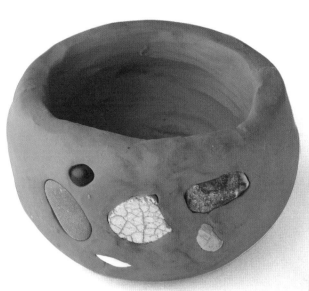

6. Termina la maceta dándole una capa de fijador.

5. Con una ligera presión, fórrala con piedrecitas de colores.

7. ¡Ya está lista la maceta para tus flores y plantas!

Cuadro gatuno

1. Dibuja un gato en un cartón o cartulina gruesa.

2. Para realizar el mosaico, necesitarás granos de café, maíz y arroz.

3. Rellena la figura del gato con los granos de café y maíz.

4. Con el arroz también puedes hacerle unos bonitos bigotes.

6. Con granos de café, haz el marco para tu cuadro.

5. Encola el fondo y pega los granos de arroz.

7. Pega detrás un colgador adhesivo y ¡listo para la exposición!

Antifaz de pegatina

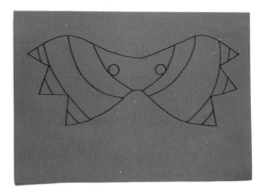

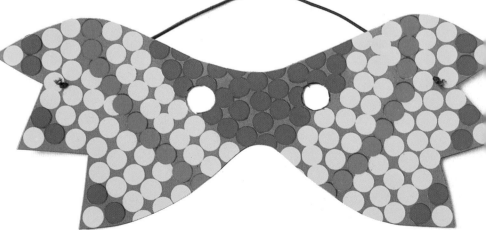

1. Dibuja el antifaz en una cartulina.

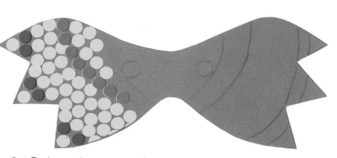

2. Recorta la silueta del antifaz.

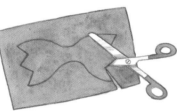

3. Coloca las pegatinas formando cenefas de colores. Realiza dos agujeros para los ojos.

4. Haz un pequeño orificio en cada extremo y pasa una goma elástica.

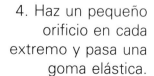

Serpiente pegajosa

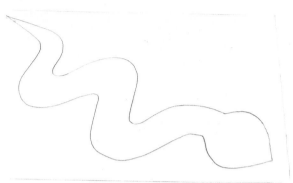

1. Dibuja una serpiente en una cartulina y recórtala.

2. Debes colocar las pegatinas simulando las escamas.

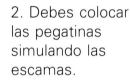

3. Utiliza los distintos colores de las pegatinas para el dibujo de la piel.

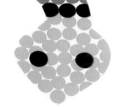

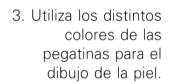

4. Pega una cinta por la parte inferior a la altura de la boca.

5. ¡Ojo, que muerde!

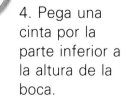

17

Cubilete lapicero

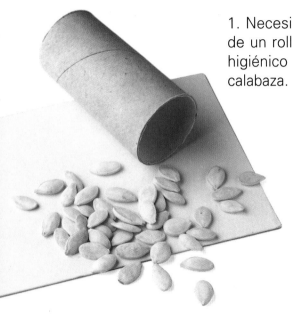

1. Necesitas el cartón de un rollo de papel higiénico y pipas de calabaza.

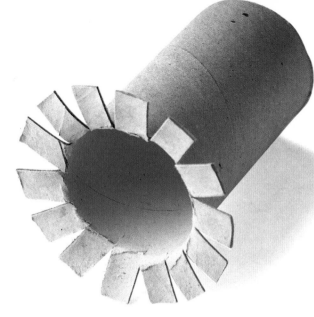

2. Recorta pestañas en un extremo del tubo y dóblalas hacia afuera.

3. Dibuja un círculo en una cartulina y recórtalo

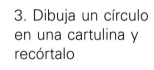

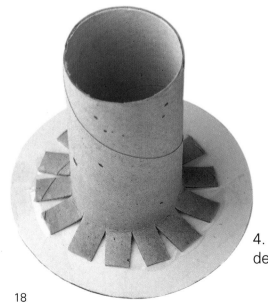

4. Pega las pestañas en el centro del círculo de cartulina.

5. Pinta con rotuladores de colores las pipas de calabaza.

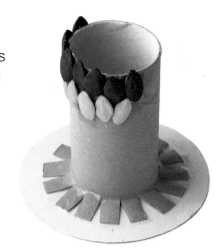

6. Encola en el tubo las pipas de colores formando cenefas.

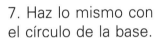

7. Haz lo mismo con el círculo de la base.

8. Coloca tus lápices favoritos para tenerlos siempre a mano.

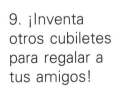

9. ¡Inventa otros cubiletes para regalar a tus amigos!

Vaya tela de payaso

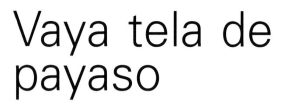

1. Dibuja un payaso en una cartulina.

2. Consigue retales de ropa y córtalos en cuadraditos.

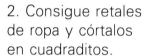

3. Encola el dibujo y cúbrelo con los trozos de tela.

4. Cuando se haya secado, recorta la silueta del payaso.

5. Haz un agujero en la parte superior para poder colgarlo.

6. Utiliza el mismo sistema para crear otros personajes.

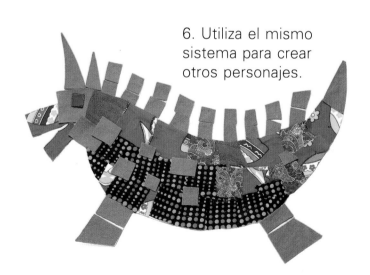

Palmatoria estrellada

1. Alisa un pedazo de arcilla con un rodillo de amasar.

2. Recorta la arcilla en forma circular.

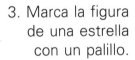

3. Marca la figura de una estrella con un palillo.

5. Hunde en el centro una vela para que quede un agujero a su medida.

4. Recorta la estrella con la ayuda de un cuchillo de punta redonda.

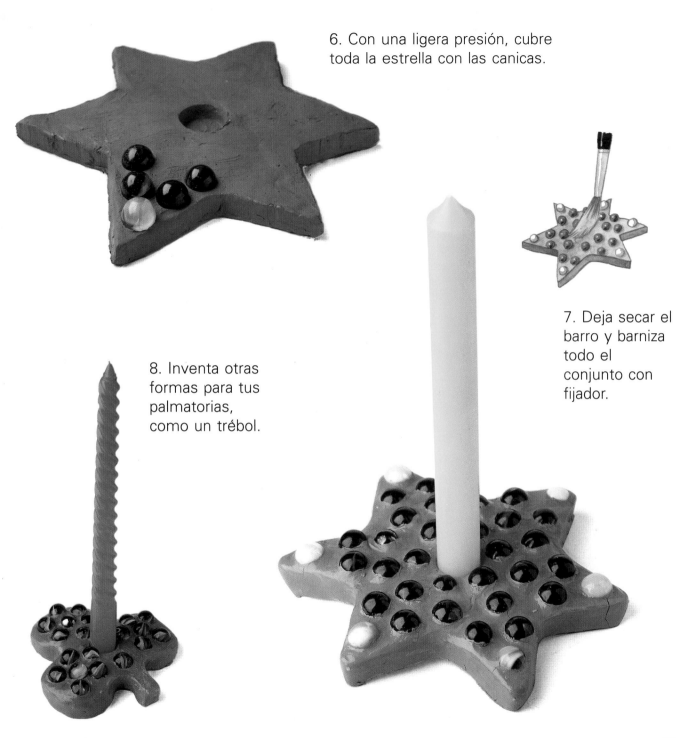

6. Con una ligera presión, cubre toda la estrella con las canicas.

7. Deja secar el barro y barniza todo el conjunto con fijador.

8. Inventa otras formas para tus palmatorias, como un trébol.

La gallina turuleta

1. Dibuja una gallina y su polluelo en una cartulina negra con un lápiz blanco.

2. Lava por dentro y por fuera las cáscaras de huevo.

3. Rompe las cáscaras y píntalas, por la parte externa, de color marrón y amarillo.

4. Pinta con rotulador rojo algunos pedazos de cáscara, por la parte interior, para los picos y la cresta.

5. Cubre el dibujo con cola y pega con cuidado los trocitos según sus colores.

6. ¡Y ya está! ¡Hasta el polluelo ha roto el cascarón!

Un florero fetén

1. Cubre con plastilina un botellín de plástico.

2. Consigue pasta de sopa de diferentes formas y colores.

4. Con una ligera presión, incrusta la pasta siguiendo el dibujo.

3. Con un palillo, dibuja a tu capricho cenefas en la plastilina.

5. Procura cubrir toda la plastilina con la pasta de sopa.

6. ¡Y ya sólo faltan las flores y un poco de agua en tu maravilloso jarrón!

Estar de foto

1. Recorta dos rectángulos iguales de corcho, no demasiado delgado.

2. Busca tu foto preferida y pégala en el centro de un corcho.

3. En el otro, dibuja un rectángulo en el centro del mismo tamaño que la foto.

4. Pide a un adulto que recorte el rectángulo con un cutter para hacer una ventana.

5. Pega los dos corchos de forma que la foto se vea por la ventana.

6. Dibuja la cenefa que más te guste.

7. Dale vida a tu marco clavando chinchetas de colores.

8. Pega en el reverso un colgador adhesivo.

Los adornos en mosaico de este libro

13

DATE DUE

Printed
in USA

HIGHSMITH #45230